Hola Moriah

Escrito por Victoria Nelson
Ilustrado por Boddz
Traducido por Inés Velásquez-McBryde

© 2019 Victoria Nelson

ISBN 978-1-64663-077-6

Todos los derechos reservados. Ninguna parte de esta publicación puede ser reproducida, archivada en ningún sistema de almacenaje o transmitida en ninguna forma o por ningún medio – electrónico, mecánico, fotocopia, grabación o cualquier otro- excepto por breves citas en reseñas impresas, sin el previo permiso de la autora.

Publicado por Victoria Nelson
www.moriahandfriends.com

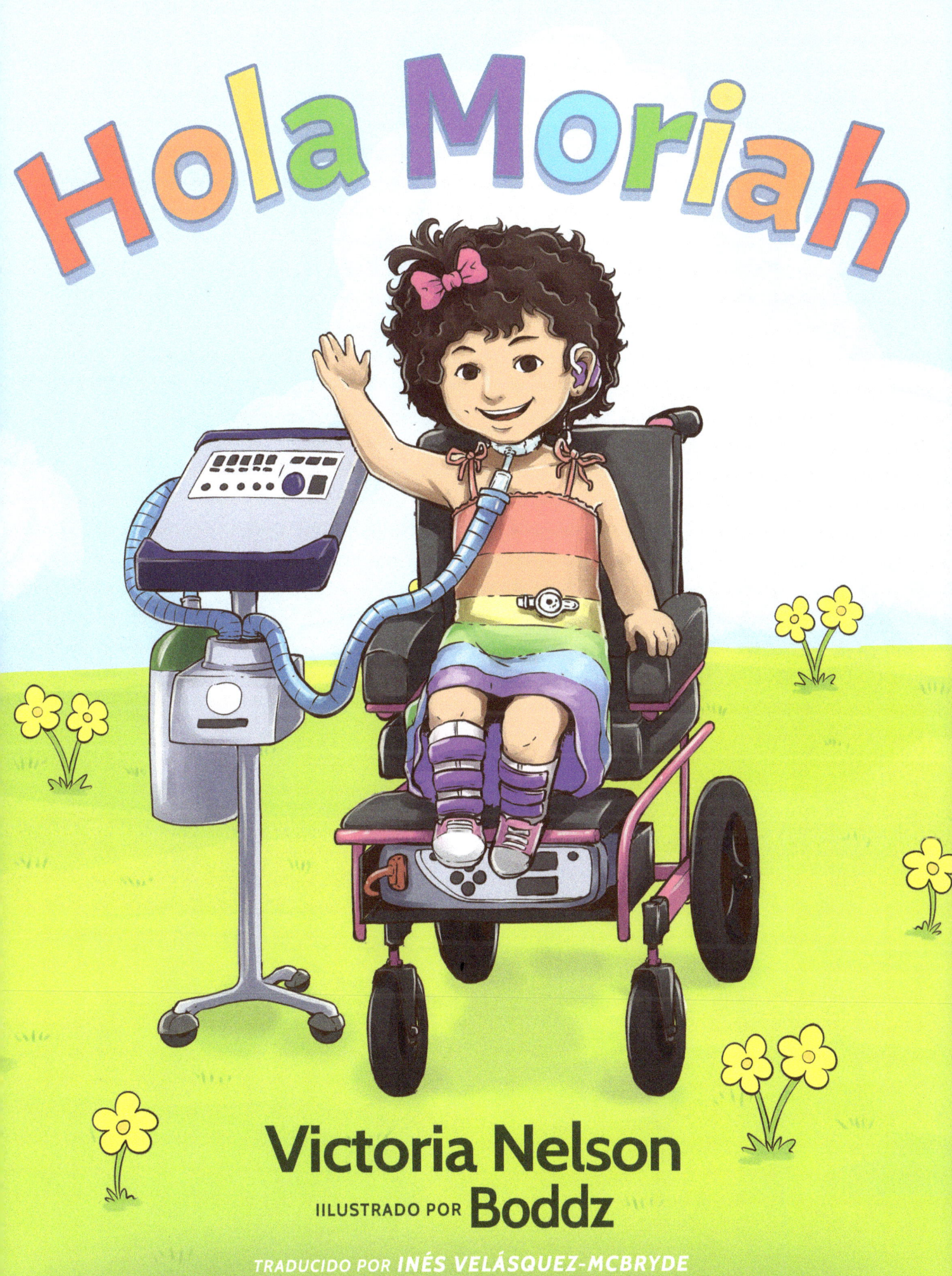

DEDICACIÓN

A mi Moriah,

Tú me enseñaste acerca del amor. No solo cómo saber amarte, sino cómo amar a los demás. Tú me enseñaste cómo ver más arriba de la superficie, y mirar adentro del mundo que me trajiste. Tú me enseñaste que había mucho más detras de las palabras, más allá de las miradas, más allá de lo que es "normal", más allá de lo esperado. Tú me enseñaste cómo mirar adentro de los ojos de las personas, y ver su belleza y su valor, y amarlas por quién en realidad son . . . y por esto, te agradezco.

A mi esposo, Justin, quien ha sido mi roca desde los dieciseis años.

A Jadon, Olivia y Shane, espero que se acuerden de ser amables, no importa dónde estén o quién los esté mirando.

Les amo desde el fondo de mi corazón.

¡Hola! ¡Soy Moriah [Mo-ra-ya]! Tengo siete años.

Mi mami dice que soy un regalo del Cielo.
Dios nos hizo especiales—a ti y a mí.

Además, tengo unas cositas *extras*; ¿las ves?
Yo nací con un síndrome llamado CHARGE,
Que me trajo retos—tanto grandes y pequeños.

¡Estos diferentes retos me enseñaron a ser
Super-ultra fuerte, chévere y alegre!

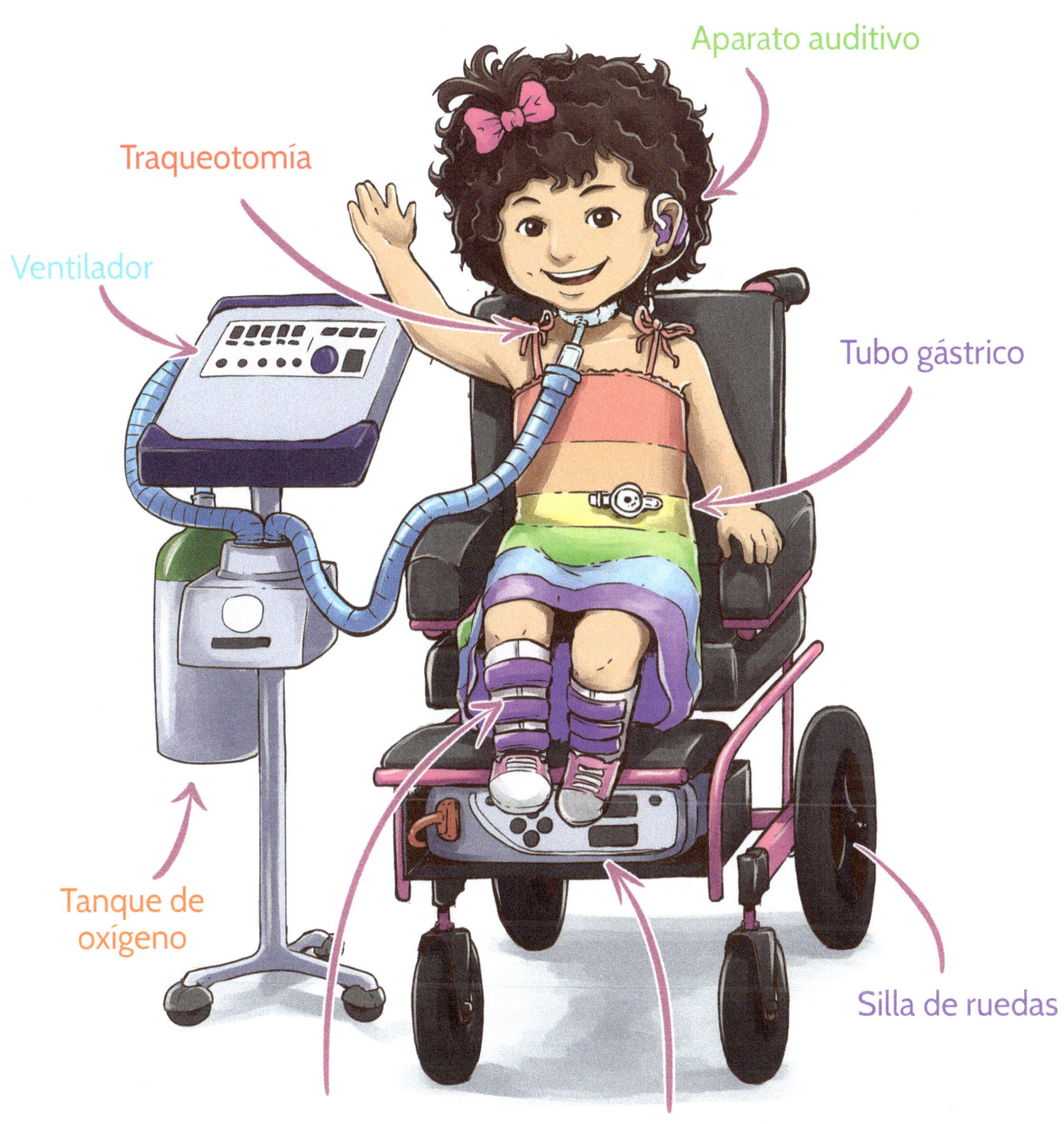

Cuando yo nací, a mi **corazón** le faltaba una pieza,
Por eso tuve **cirugía** desde un principio.

Me puse mi cara valiente, y le eché muchas ganas,
Terminé con una cicatriz con forma de zipper
en mi pecho.

Enfermeras y doctores me ayudaron
a ponerme fuerte,
Pero, me quedé en el hospital un
ratito más largo.

Los doctores vieron que tenía problemas comiendo,
Y me pusieron un tubo en mi pancita para ayudarme a comer.

Un tubo de gastrostomía, o tubo-g,
Me ayudó a recibir comida por un puerto pequeño.

¿Sabes lo que más me alegró? ¡No saborear la medicina *dentro* de mi boca!

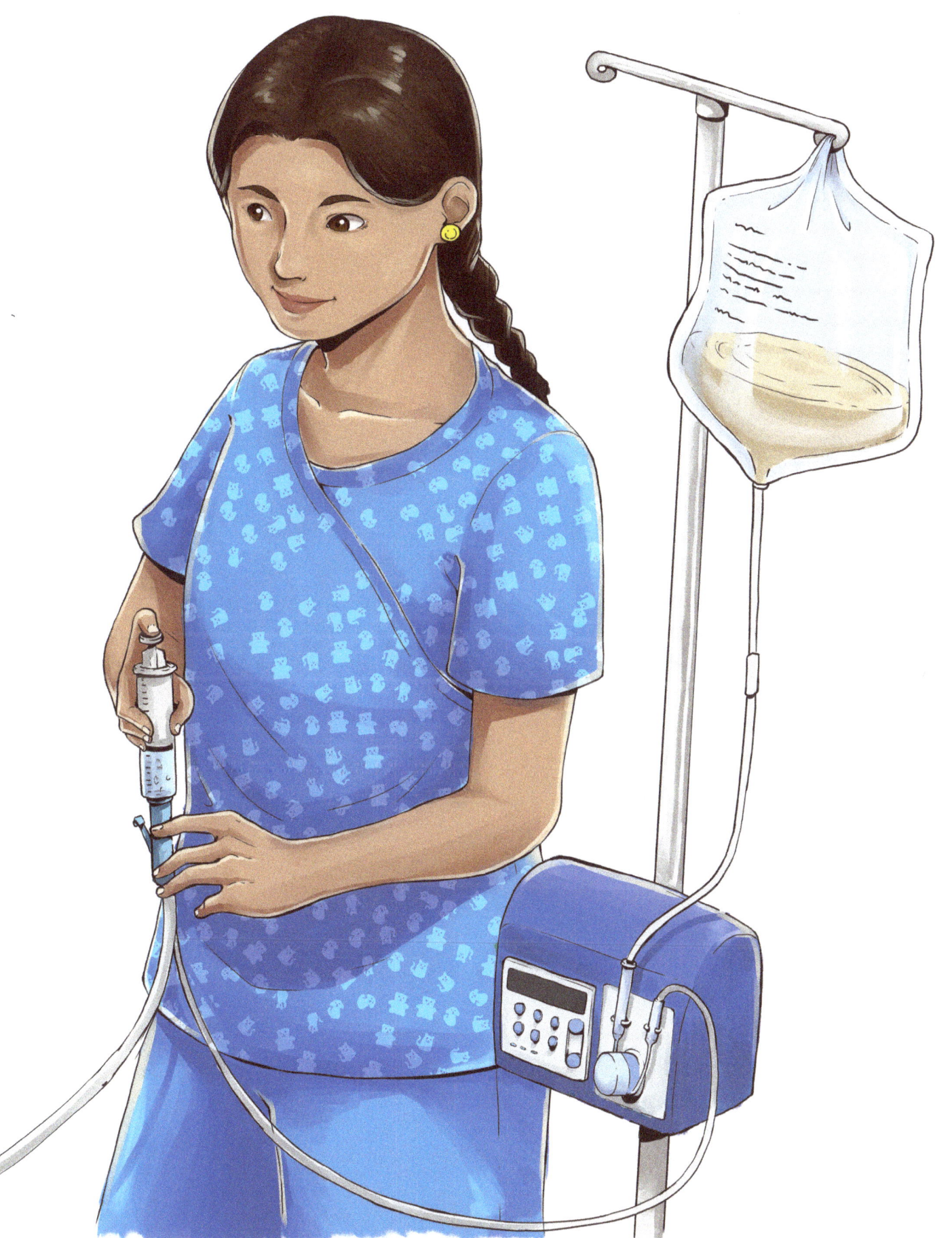

Además de tener problemas comiendo, Necesitaba un poquito de ayuda respirando.

Los doctores me pusieron una traqueotomía, también conocida como traquea, y me colocaron un ventilador para poder respirar.

La **traqueotomía** está en mi cuello y funciona como si fuera una nariz,
Y el **ventilador** le ayuda a mis pulmones a expulsar aire.

El ventilador se conecta a la traqueotomía con un tubo. ¡Me da justo el espacio para poder bailar, saltar y moverme!

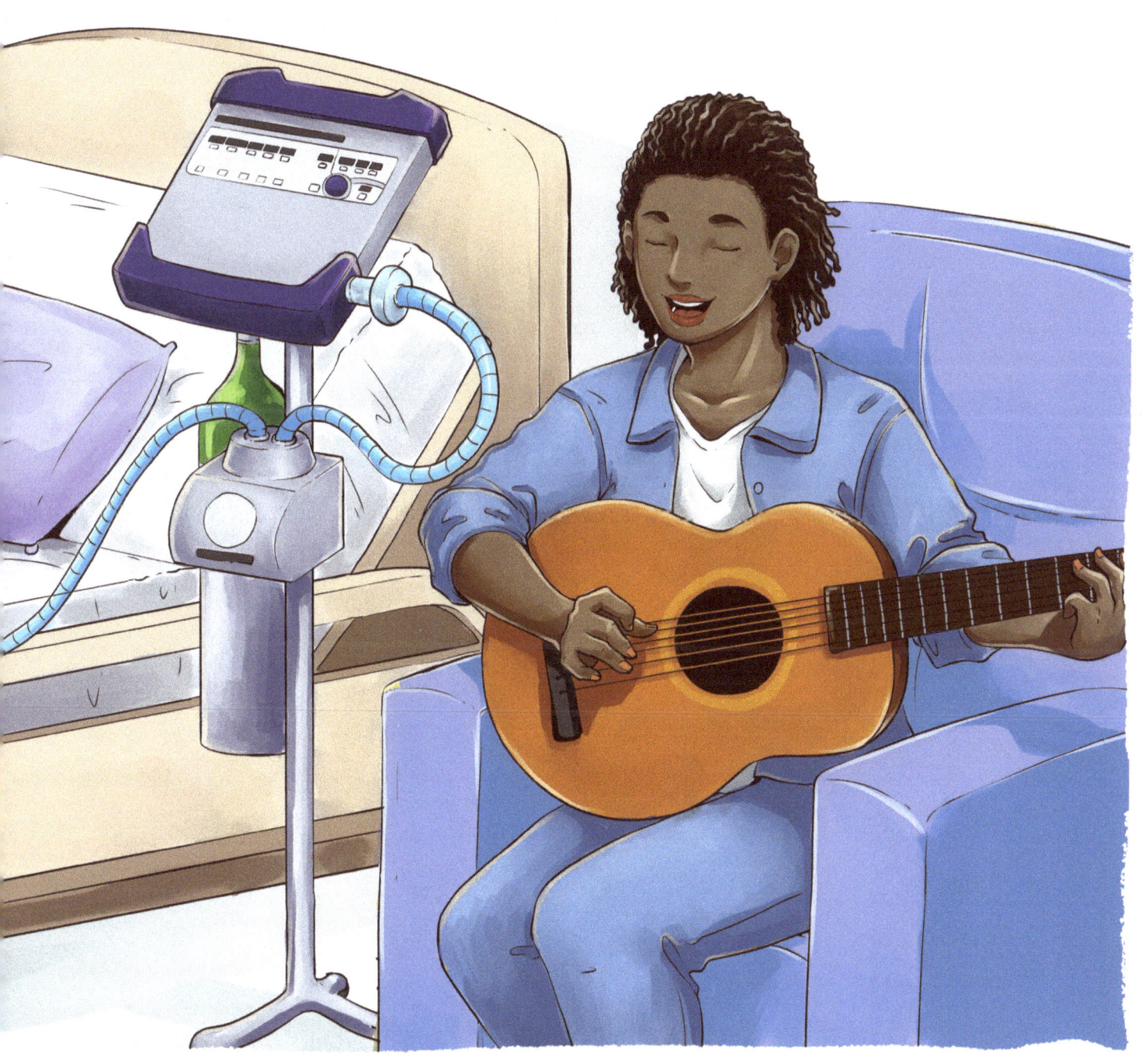

Finalmente me voy a casa, y tengo
enfermeras que me ayudan
Pero les hago bromas, ¡y las hago brincar!

Me espero a que sus manos estén ocupadas,
Luego les hago cosquillas en sus brazos,
y causo un jaleo.

Me río y me carcajeo, y me caigo en el piso
Y como soy graciosa, me dejan hacerlo.

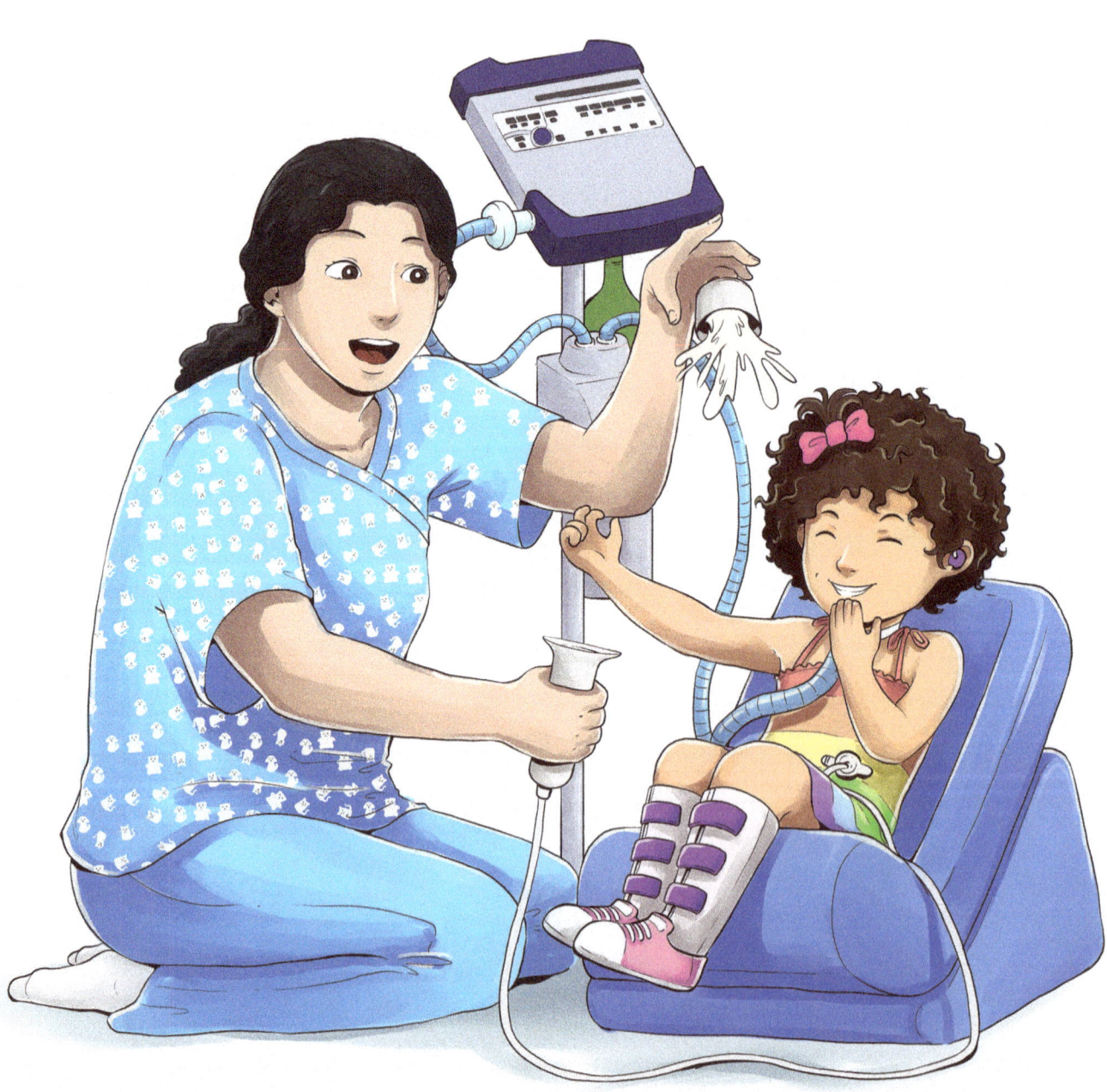

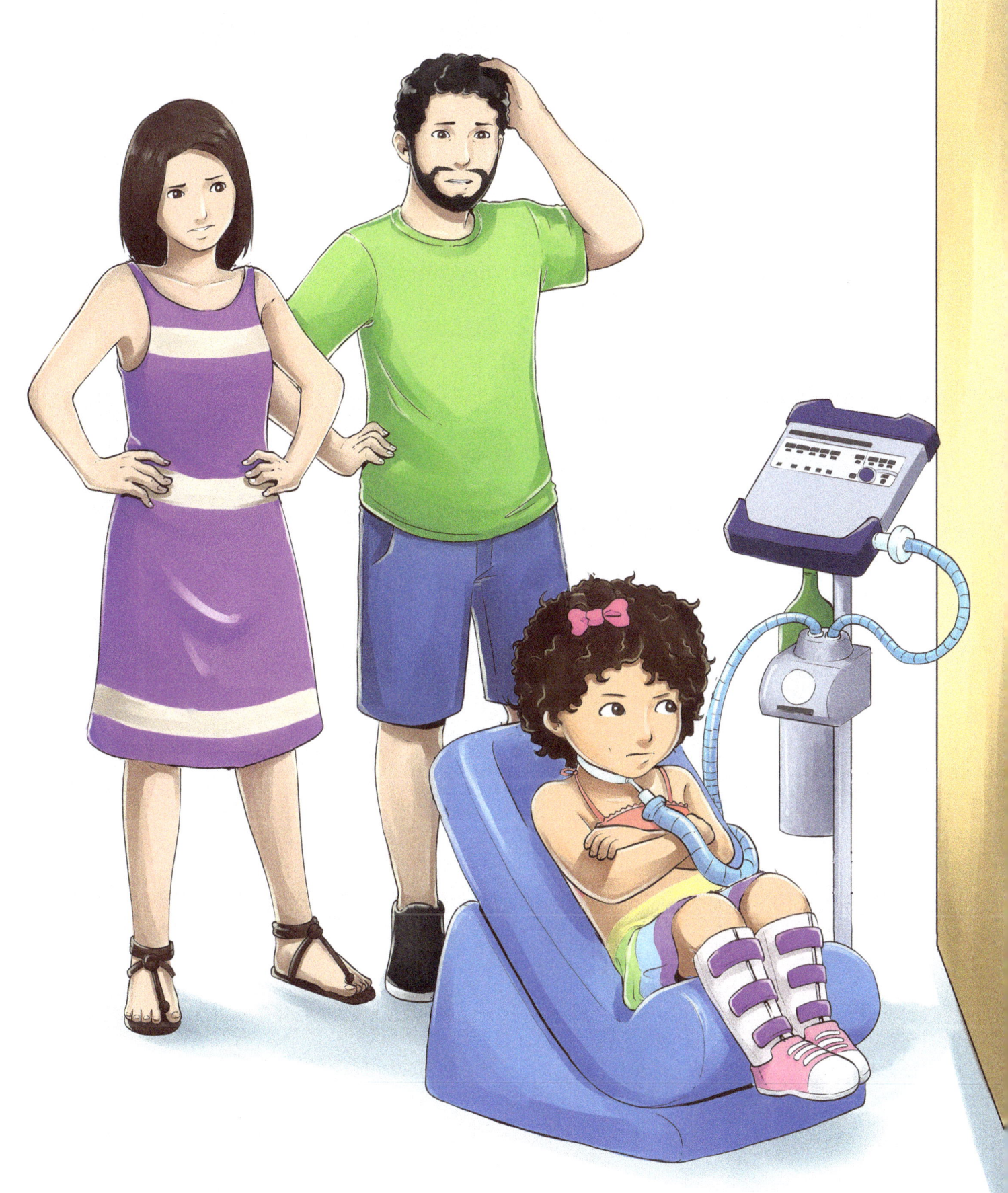

A no ser que Mami y Papi me vean hacerlo;
Me ponen en la esquina, me guste o no.

Tengo muchas terapias la mayoría de mis días,
Aprendiendo a caminar y hablar de muchas maneras.

Una **silla de ruedas** y un **andador** me ayudan a moverme, los aparatos en mis piernas me ayudan a subir y bajar.

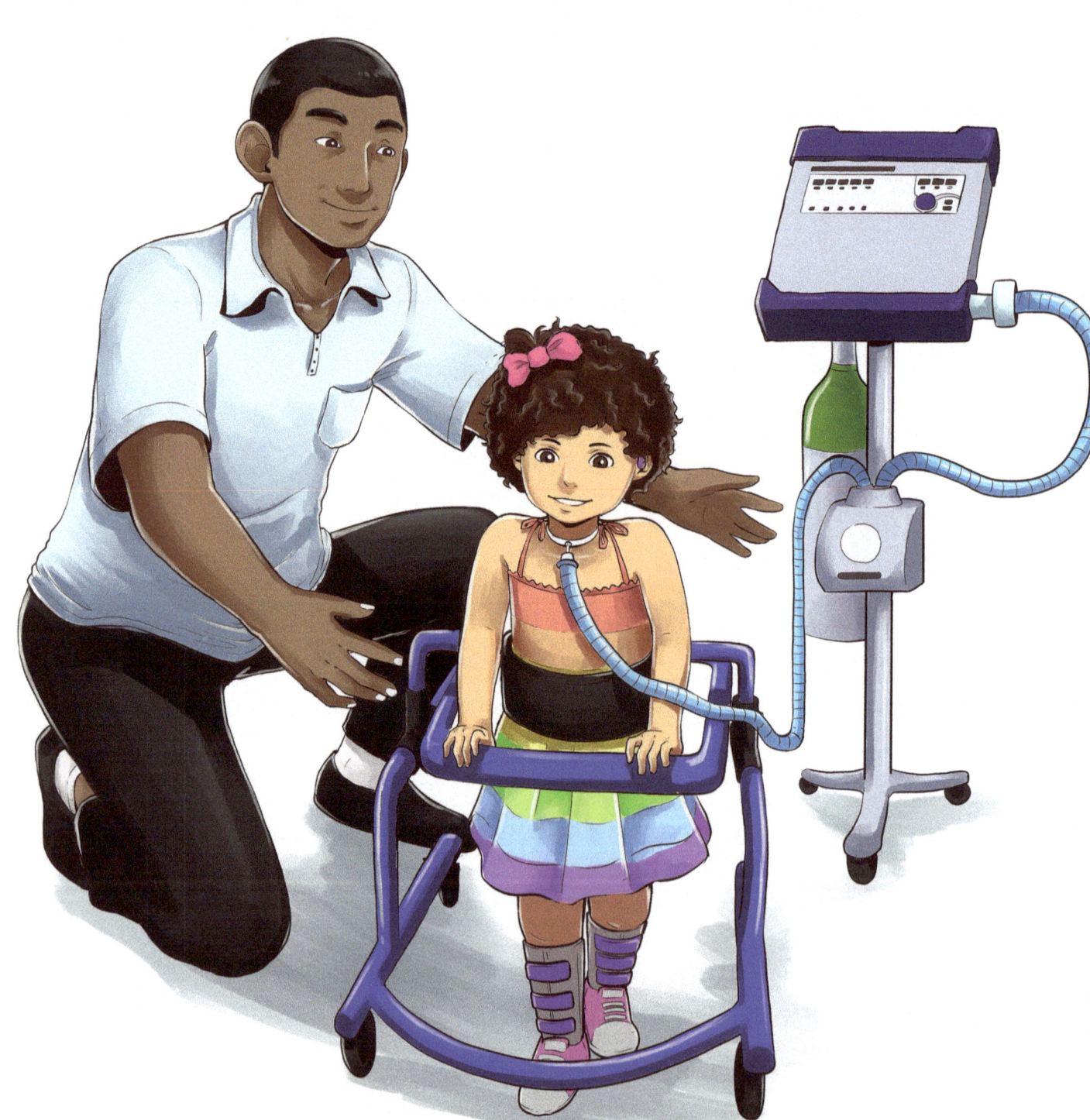

Aun con todo esto, nadie me puede detener,
¡Me encanta jugar con mis hermanos y mi papi!

Para ir al parque aveces
es un poquito complicado,
Pero con tal de que hayan
rampas, es una gran victoria.

A mi hermana y a mi nos encanta subir alto en los columpios,
y nos imaginamos que volamos con alas muy grandes.

Como tengo problemas hablando y escuchando,
Yo hablo con mis dedos y los demás
niños y niñas me observan.

Mi hermano y hermana les tienen que explicar:
¡El *lenguage de señas* es como un juego!

Además de usar señas con mis manos, también uso **fotos** para mostrar lo que quiero —como libros o calcomanías.

Un aparato en mi oído también me ayuda a oir,
Pero...¡shhh! A la hora de limpiar,
¡hago que desaparezca!

Voy a la escuela con una enfermera en un **autobus** que te deja traer la silla de ruedas, Primero, mi mami se pregunta, "¿Qué lazo vas a usar en el pelo?".

En la escuela, mis amigas y amigos me vienen a ver a la clase, "¿Qué es esto? ¿Qué es aquello?" preguntan los niños y niñas.

Mi enfermera felizmente contesta cualquier pregunta,
Pero tener las manos limpias es su primer sugerencia.

Me puede dar un catarro más rápido que a otras personas, y necesito protección de gérmenes sucios.

Después de restregar y lavar la suciedad de sus manos,
Los niños y niñas empujan mi silla donde yo diga.

Nos reímos y jugamos, y me llaman Pulgarcita
Porque soy del tamaño de una bailarina pequeñita.

Lo que quiero que sepas de mi es que:
Me encanta hacer amigos y amigas
donde sea que vaya.

Así que, la próxima vez que veas a alguien como yo, Moriah, puedes presentarte; saludar con la mano y decir "Hola."

Así puedes mostrar compasión a las personas nuevas,
¡Y puedes hacer un nuevo o nueva amiga!

Este nuevo amigo o amiga te puede enseñar a ver
Cómo es la persona por dentro—

al igual que me enseñaron mis amigos.

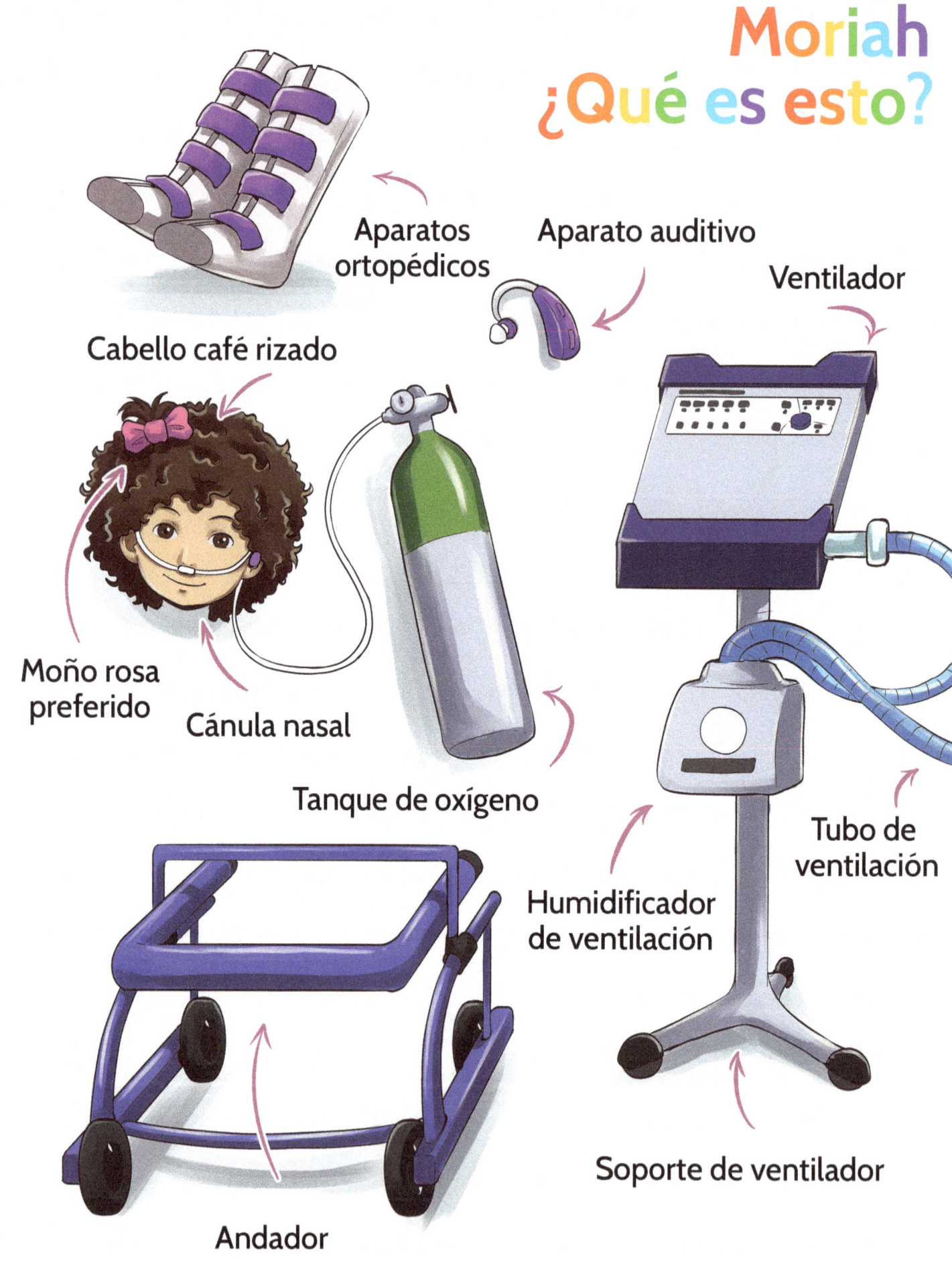

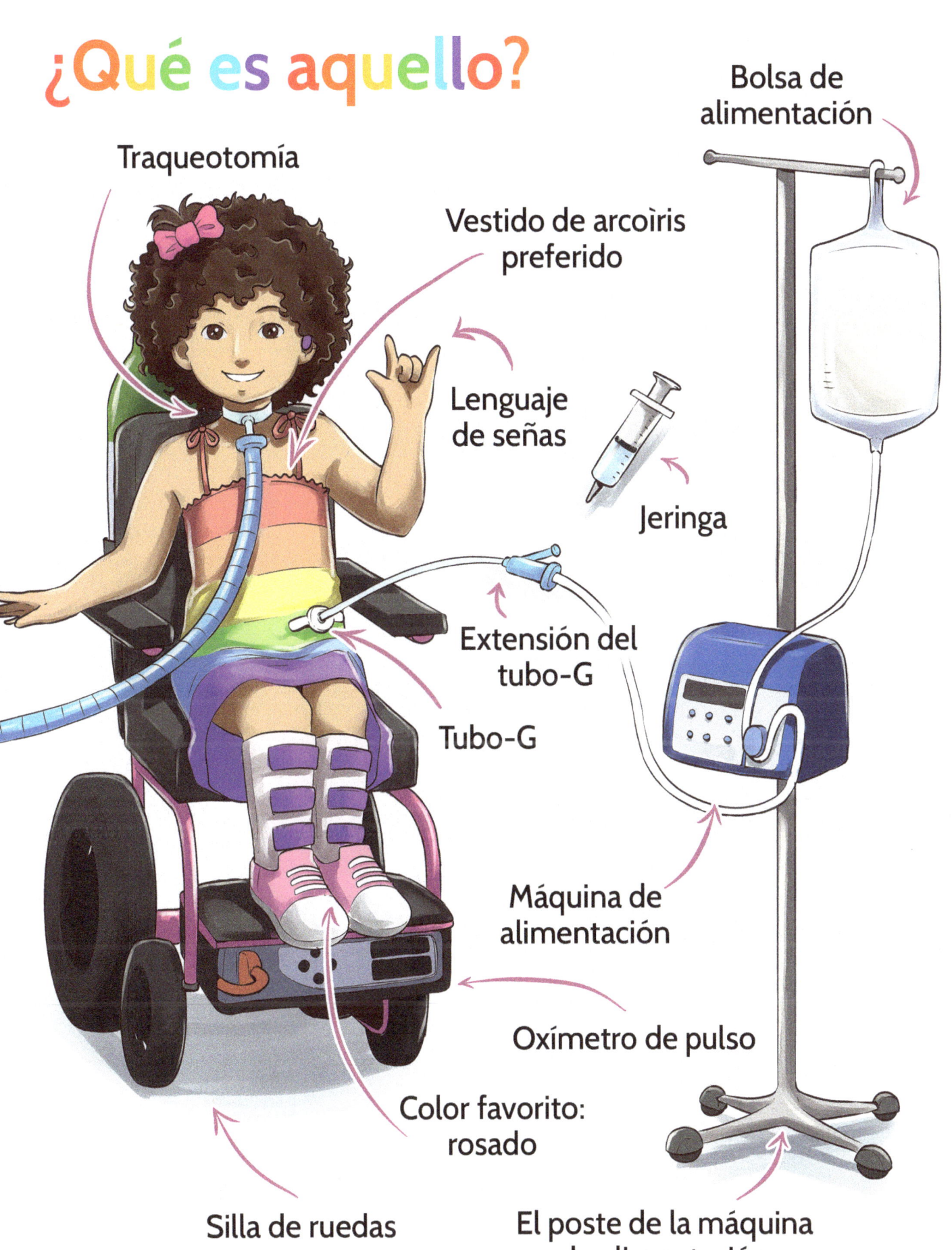

¿Qué es esto?

Síndrome CHARGE — Yo nací con el síndrome CHARGE, el cual afecta diferentes partes de mi cuerpo incluyendo mi visión, corazón, respiración, crecimiento, balance y audición. Todos mis amigos y amigas con CHARGE son únicos, ¡y típicamente impresionamos a las personas pues hemos superado mucho! Para aprender más acerca de CHARGE, visita chargesyndrome.org

Tubo de Gastrostomía también conocido como el tubo-g — Es un tubo que entra en mi estómago para ayudarme a recibir comida, ya que no puedo comer mucho por la boca. Voy a terapia para que me enseñen a comer, pero para mientras, tengo algo que pareciera un botón chiquito y bonito en mi estómago.

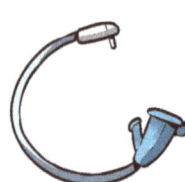

Extensión del tubo-G — Un tubo largo que se conecta con mi tubo-g. Al final del tubo hay una abertura con una tapa, llamada puerto, y aquí es donde se conecta con la jeringa o la bolsa de alimentación. El puerto se puede cerrar cuando no está en uso, pero hay que tener cuidado porque aveces se abre accidentalmente, y ¡la comida puede derramarse por todos lados!

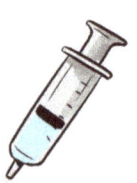

Jeringa de Alimentación o Medicina — Un tubito pequeño de plástico con forma de cilindro que se puede utilizar para administrar fórmula, medicina o comida licuada. Un émbolo para jeringas se puede utilizar para empujar la fórmula o medicina dentro de la jeringa. La jeringa entra dentro del puerto de mi extensión del tubo-g.

Bolsa de Alimentación, Máquina de alimentación, y el Poste de la Máquina de Alimentación — Una máquina de alimentación es una máquina que bombea fórmula adentro de mi tubo-g. ¡Colocamos fórmula dentro de la bolsa de alimentación, conectamos la bolsa de alimentación a la máquina y empieza a bombear! La bolsa de alimentación y la máquina cuelgan del poste de alimentación. Típicamente uso el poste de alimentación por la noche, pero durante el día cuando ando de arriba para abajo, utilizo una mochila especial que sostiene la bolsa de alimentación y la máquina de alimentación.

Aparato de Audición — Un aparato que utilizo en mi oído para aumentar el volúmen de los sonidos ya que no puedo oir muy bien.

Lenguaje de Señas — Un lenguaje que no usa palabras, sino que usa gestos de manos para comunicarse. Yo uso lenguaje de señas porque me cuesta oir, y ésta es mi manera de hablar contigo. Esta seña significa "Te amo."

Aparato ortopédicos para piernas conocido como OTP (Ortesis Tobillo-Pie) — Un aparato, en forma de L, que uso para sostener mis piernas.

¿Qué es aquello?

Andador - Una estructura de metal con ruedas que me ayuda a caminar.

Silla de Ruedas - Una silla con ruedas que uso para movilizarme, ya que no puedo caminar sola. Una silla de ruedas se puede empujar o son eléctricas con un motor. Yo quisiera tener una silla eléctrica, pero mi mami no me deja. Si la tuviera, ¡podría ir super rápido en el parque!

Defecto Cardiaco Congénito o DCC - DCC es cuando hace falta una pieza del corazón, o una parte está en el lugar equivocado, y una cirugía podría arreglarlo. Yo nací con un defecto de corazón y he tenido varias cirugías de corazón. Ahora, la cicatriz en mi pecho por la cirugía pareciera un zipper muy chevere.

Cánula Nasal - Un tubo que se conecta a un tanque de oxígeno y transporta oxígeno a mi nariz. Puesto que tengo problemas respirando, necesito un poco más de oxígeno que los demás. Pero desde que me hicieron mi traqueotomía, ya no necesito usar una cánula nasal en mi cara; el oxígeno se puede conectar a mi ventilador y al tubo de traqueotomía.

Tanque de Oxígeno - Un contenedor de metal con forma de cilindro que almacena oxígeno. Todos necesitamos oxígeno para respirar, pero algunas personas necesitan oxígeno extra cuando tienen problemas al respirar.

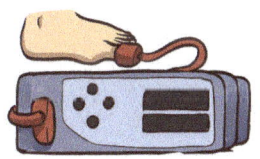

Oxímetro de Pulso - Una máquina que mide mi nivel de oxígeno y ritmo de corazón. Tiene un sensor que se puede envolver alrededor de mi dedo de la mano o del pie para medirlo.

Traqueotomía – Una traqueotomía es un hoyo que hicieron en mi cuello para que yo pudiera tener otra vía para respirar. Se puede colocar cuando a una persona le cuesta mucho respirar. Un tubo de traqueotomía se coloca dentro del hoyo y se sujeta con una cinta de sujeción.

Ventilador – Una máquina que me brinda respiraciones y apoya a mis pulmones ya que no puedo respirar por mi misma. Se conecta a mi traqueotomía con un tubo largo azul que me da suficiente espacio para poder moverme.

Soporte de Ventilador - Un soporte que sujeta mi ventilador. Mi ventilador también puede colocarse en mi silla de ruedas dentro de una mochila para ventilador cuando salgo afuera.

Ya que cada uno de nosotros y nosotras somos únicos de muchas maneras, ¡haz tu propia lista para mostrar "¿Qué es esto? ¿Qué es aquello?"!

RECONOCIMIENTO

Con especial gratitud a todas las Enfermeras, Doctores, Terapeutas, Profesoras y cualquier otra persona quien está haciendo una diferencia en las vidas de niños y niñas con necesidades médicas y especiales.

Su cuidado y devoción para ayudar a nuestros niños y niñas va más allá de lo esperado. Nosotros, como padres y madres, apreciamos la gracia y paciencia que nos dan a medida que aprendemos este nuevo ritmo normal con nuestros hijos e hijas. Su cuidado centrado en la familia ayuda a que el fundamento de nuestros hijos e hijas sea fuerte y cohesivo. Mientras más hagamos para que nuestros hijos e hijas tengan un fundamento floreciente, más van a brillar ellos y ellas como las estrellas que sabemos que son.

Mamás y Papás,
¡Ustedes pueden y los estoy animando con muchas ganas!

"¡Te alabo porque soy una creación admirable!
¡Tus obras son maravillosas, y esto lo sé muy bien!"
Salmos 139:14

www.ingramcontent.com/pod-product-compliance
Lightning Source LLC
Chambersburg PA
CBHW041102100526
44584CB00050B/4488